# Domine Vendas

## em 7 dias!

# Domine Vendas em 7 dias!

**Christine Harvey**

*Tradução:*
Joaquim Palacios

editora HARBRA

| | |
|---|---|
| *Direção Geral:* | Julio E. Emöd |
| *Supervisão Editorial:* | Maria Pia Castiglia |
| *Revisão de Texto:* | Maria Lúcia G. Leite Rosa |
| *Revisão de Provas:* | Carla Castiglia Gonzaga |
| *Editoração Eletrônica:* | Mônica Roberta Suguiyama<br>Darlene Fernandes Escribano |
| *Capa:* | Lummi Produção Visual e Assessoria Ltda. |
| *Fotografia da Capa:* | MARK COOPER/Stock Market/Contexto |
| *Fotolitos:* | Fotolix - Studio de Fotolitos Ltda. |
| *Impressão e Acabamento:* | Cromosete Gráfica e Editora Ltda. |


Rua Joaquim Távora, 629
04015-011 - São Paulo - SP
*Promoção:* (011) 5084-2482 e 5571-1122. Fax: (011) 5575-6876
*Vendas:* (011) 5549-2244 e 5571-0276. Fax: (011) 5571-9777

Tradução de *SUCCESSFUL SELLING in a Week*


ISBN 85-294-0220-0

Impresso no Brasil *Printed in Brazil*

# CONTEÚDO

# SOBRE A AUTORA

Christine Harvey é Diretora Executiva de sua empresa, Intrinsic Marketing, ativa desde 1980, e autora de dois livros de sucesso em negócios, *Your Pursuit of Profit* e *Secrets of the World's Top Sales Performers.*

Entre sua série de bem-sucedidos programas de treinamento estão *How to Succeed in Selling* e *Sales and Marketing for the Non-marketing Manager*, no British Institute of Management e em outros pontos da Europa, da América e do Extremo Oriente. Os Centros de Treinamento em Negócios Christine Harvey levam programas similares ao bloco europeu oriental, ex-comunista, prestando uma importante contribuição a empresas que agora estão se voltando para uma economia de mercado.

Suas atividades como conferencista a levaram ao Parlamento da ex-Tchecoslováquia, a aparecimentos na TV australiana e a conferências anuais e de vendas de empresas americanas, japonesas e européias.

Trabalhar em vendas é algo que deixa muita gente aterrorizada. No entanto, as vendas são uma parte tão importante em qualquer tipo de negócio que os bons vendedores estão sempre sendo procurados.

O sucesso com vendas não acontece por acaso. Na verdade, consiste de um conjunto estruturado de sistemas que todo profissional bem-sucedido acaba aprendendo.

Examinaremos cada uma dessas etapas separadamente. As sete etapas de um processo bem-sucedido de vendas são:

- Planeje seu sucesso
- Adquira conhecimento do produto ou serviço
- Descubra os motivos que levam à compra
- Vença as objeções e transforme-as em vantagem
- Demonstrações e fechamentos de vendas
- Sistemas que provocam a ação
- Automotivação e sistemas de apoio

O sucesso em vendas acarreta grande sucesso e crescimento pessoal, progresso na carreira e auto-satisfação.

# PLANEJE SEU SUCESSO

Lembra-se da última vez que mudou de emprego? A imagem que você fazia de si mesmo precisou sofrer algum reajuste, não foi? E com toda certeza você levou algum tempo para se adaptar à nova ocupação.

Recordo-me de uma vez em que estava num avião voando de Londres para Chicago para ver aquele que talvez seria meu primeiro cliente depois que fundei minha empresa. Eu ainda me sentia ligada à empresa anterior, ao meu antigo emprego e aos meus ex-colegas, porque não tinha experiências de que me pudesse valer em meu novo papel. Olhe, se você estiver começando em vendas, ou mudando de empresa, talvez também se sinta assim.

Mas o caso é que os psicólogos afirmam que podemos fazer muito por nós mesmos para apressar o processo de adaptação. Se nos imaginarmos na nova situação, sentindo-nos bem em nosso novo papel e tendo sucesso nele, o processo de adaptação será mais rápido.

Quer estejamos começando no setor de vendas, ou apenas querendo melhorar os nossos lucros, teremos que adotar novos métodos operacionais. Vamos nos esforçar em novas direções, sofrer novas pressões, nos disciplinar, estabelecer novas metas - tudo isso vai exigir que nos encaremos de um modo diferente. Quanto mais depressa fizermos isso, mais depressa veremos o sucesso.

Examinemos as áreas em que você quer se ver operando com sucesso, como uma preparação para as vendas:

***Preparação para o sucesso***

- Estabeleça um objetivo geral
- Divida esse objetivo em planos diários de trabalho
- Execute esses planos diários
- Ganhe possíveis clientes
- Gaste tempo em atividades decisivas
- Crie um sistema de gráficos auto-administrativos
- Organize sistemas de trabalho

## Estabeleça um objetivo geral

Comece pelo topo da lista e estabeleça suas metas. O que você quer alcançar? Calcule isso de forma bem específica. Será, por acaso, uma cifra monetária, uma percentagem ou um múltiplo de um alvo estabelecido por sua empresa, um bem a ser adquirido, ou mesmo uma promoção?

Agora, pense num jeito de converter essa meta ao número real de vendas que você precisa fazer para atingi-la. Muito bem. Agora o próximo passo é decisivo e é o que a maioria dos vendedores que fracassam evita. Divida seu objetivo total de vendas em vendas semanais e diárias e depois calcule o trabalho diário necessário para alcançá-las.

***Calcule a carga de trabalho***

- Quantas vendas quero fazer?
- Quantos interessados preciso visitar para obter uma venda? ............................................................
- De quantos interessados eu preciso para alcançar meu objetivo total de vendas? ....................................
- Quantas atividades tenho de realizar para gerar um possível cliente? ..................................................
  - Chamadas telefônicas ....................................
  - Cartas de mala direta ....................................
  - Demonstrações ou seminários ..........................
  - Anúncios ....................................................
  - Visitas ........................................................
  - Outros ........................................................

..............................................................................

..............................................................................

..............................................................................

..............................................................................

..............................................................................

..............................................................................

### *Não se engane*

Bob Broadley, um dos maiores vendedores de apólices de seguros da Austrália, é taxativo ao dizer que o maior erro dos vendedores é o de *se enganarem a si mesmos.* Afirma que não 'nasceu bem-sucedido', precisou estudar os vendedores de maior sucesso que conseguiu encontrar.

O conselho dele? 'Não se engane pensando que está vendendo quando não tem contato com o número necessário de pessoas todos os dias. Trabalhar oito horas por dia não é a questão. O que importa é o que você fez nessas oito horas.'

Se você não entra em contato com um número suficiente de possíveis compradores, não venderá o bastante para atingir sua meta. E como é que você entra em contato com um bom número de interessados? Marcando um número suficiente de entrevistas. É só isso. 'No entanto, muita gente se ilude, pensando que está efetuando vendas quando, na verdade, só estão com um enorme volume de trabalho'.

*Lembre-se, a diferença entre o sucesso e o fracasso é quase sempre marcada pelo fato de se deixar de dividir um objetivo geral em pequenos objetivos e tarefas diários.*

Busquemos o conselho das pessoas que se saem bem ano após ano. Como elas põem em prática esse princípio?

Um vendedor com uma reputação mundial de sucesso é Ove Sjögren da Electrolux, na Suécia. Ele calculou um alvo anual e o dividiu em cifras diárias. Ele sabe exatamente quantas vendas precisa fazer por dia. Sabe quantos possíveis compradores deve visitar por dia. E ele até afirma que manter o sucesso é fácil se você souber quanto deve produzir todos os dias e cumprir o que programou.

### *Eu, heim!*

'Ah, metas diárias não são comigo,' muita gente diz. Esse é o maior engano que se ouve daqueles que realizam seminários. Eles realmente acreditam que não podem decompor a atividade deles em alvos diários.

Essa é a primeira mudança mental que *todos nós* temos que fazer para poder ter sucesso com vendas. As vendas aparecem quando são adotadas as práticas corretas diariamente.

Em qualquer caso, seja na venda de grandes sistemas para o governo, o que exige três anos de negociações antes de se fechar negócio, ou na venda de produtos no varejo a fregueses individuais, o que só demora três minutos, sempre temos de calcular qual a fração de atividade diária que nos levará ao sucesso final. Mesmo se só quisermos três clientes por ano, teremos que negociar com seis, nove ou doze possíveis interessados constantemente. Temos que saber *quantos* e manter essa quota *constantemente*.

Nas pesquisas que levaram ao livro *Segredos dos Maiores Vendedores do Mundo*, verificamos que todo grande vendedor conhece sua meta de vendas diária e segue um programa diário de atividade. Terão sido orientados pelas empresas aonde trabalham? Nada! Eles é que calcularam tudo sozinhos. E é precisamente o que todos nós temos de fazer, se quisermos alcançar um sucesso real e duradouro.

Você precisa conhecer suas metas diárias para poder achar interessados e fazer isso primeiro. Isso quer dizer marcar entrevistas e entrar em contato com interessados. O resto é o de menos.

## Crie planos diários de trabalho

Mas por que fazemos tanta questão de metas de vendas diárias e de metas diárias de atividades? É porque temos visto fracassar muita gente talentosa, trabalhadora, bem-intencionada e que mereceria o sucesso. Ninguém nunca lhes disse: 'Olhe aqui, o sucesso só vem quando nós executamos o número necessário de atividades, todos os dias!'

### *Faça lembretes*

Sabemos que você está lendo este livro para obter sucesso. Você deseja usar um método estratégico. Quer evitar as armadilhas em que a maioria cai. Portanto, tire o dia de hoje para planejar suas metas. Planeje seus sistemas para alcançar suas metas. Desenhe gráficos pelas paredes, guarde lembretes nos bolsos - faça tudo o que precisar para se lembrar que trabalho duro por si só não lhe trará sucesso. É uma questão de se programar e visitar o número certo de pessoas hoje, bem como pôr em prática atividades específicas que lhe permitam entrar em contato com o número certo de pessoas amanhã.

### *Calcule*

Qual é esse número certo? Se quisermos fazer uma venda por dia e, para isso, tivermos que visitar três possíveis interessados, então precisaremos fazer três visitas por dia. Isso, na hipótese de podermos fechar o negócio com base numa única visita, ou seja, se só precisarmos visitar o comprador uma vez para efetuarmos a venda. Mas, e se precisarmos visitar cada possível interessado duas vezes em média e tivermos que faturar uma venda por dia? Quantas visitas de vendas precisaremos fazer por dia? Seis.

Vamos precisar de tempo para marcar entrevistas, e para acompanhar as promessas que fazemos durante essas visitas. Portanto, a necessidade de planejar nossas metas e de dividi-las em cargas de trabalho diário é essencial.

### *Fazer 'o melhor que se pode' será o bastante?*

Mas, e se você não fez os cálculos? E se você apenas se limitou a dar duro e a fazer o melhor que pôde? Qual seria, a seu ver, o resultado?

Talvez um exemplo ajude. Numa de minhas conferências em Cingapura, uma jornalista aproximou-se de mim e perguntou: 'Por que a senhora insiste tanto na importância das metas diárias? Não basta as pessoas fazerem o melhor que podem?'

'Veja a coisa do seguinte modo', sugeri eu. 'Imagine que você esteja treinando para ser campeã olímpica de corrida de fundo. Você sairia todos os dias para treinar percorrendo qualquer distância e a qualquer velocidade, limitando-se apenas a dar o melhor de si? Ou será que ia procurar saber direitinho que distância deveria correr e a que velocidade, para poder atingir sua meta definida?'

'Oh, é mesmo', respondeu ela. Aquilo parece que foi suficiente para fazê-la entender. É desanimador as pessoas darem um duro danado, fazerem o melhor que podem, ter grandes expectativas e depois se verem passadas para trás. No entanto, com uma agenda de tarefas diárias, você estará em condições de realizar um trabalho preciso e com propósito definido. Você não vai fracassar pensando que as vendas serão feitas de repente, num momento oportuno, ou por magia.

## *Armadilhas também para empresários*

Novos empresários enfrentam exatamente o mesmo problema, e podemos aprender com eles. Por exemplo: dois jovens estilistas, muito talentosos, pediram-nos conselhos que os levassem ao sucesso em seu negócio. Contavam com uma porção de clientes leais, mas achavam que não conseguiriam rendimentos suficientes para manter o negócio.

***Eis as perguntas que precisam ser respondidas:***

- Quanto dinheiro pretendemos ganhar?
- Quais são as nossas despesas?
- Quanto precisamos vender por ano para cobrir todas as nossas despesas e ter lucro?
- Quanto dá isso por semana?
- O que precisamos fazer para vender essa quota semanal?

Eles não tinham pensado nisso desse jeito. Estavam só interessados em dar o melhor de si. Eles não serão, por acaso, a exceção? De modo algum. Esse é o método de vendas ingênuo que você precisa evitar, seja qual for a sua indústria.

### *Ter 'bons produtos' é suficiente?*

Tive a sorte de trabalhar com uma agência empresarial britânica, fundada pelo Príncipe Charles, que se propunha a ajudar interessados em iniciar novos negócios. Com essa experiência de trabalho, vi centenas de pessoas que achavam que bastava ter um 'bom produto' e 'fazer o melhor que pudessem'. Mas, com o passar do tempo, os que se saíram bem aprenderam a conhecer *exatamente* quais eram suas metas de vendas para cada semana e ou cada dia. Depois, tiveram que concentrar toda a energia para cumprir suas metas, para não cair fora do negócio.

Você, por certo, não irá querer ficar fora do negócio, isto é, sair do setor de vendas. Há oportunidades excelentes nesse setor: oportunidades de desenvolvimento pessoal, oportunidades de promoção, oportunidades de ajudar pessoas, de satisfação profissional, prosperidade financeira e até chances de progredir a ponto de ter e dirigir o seu próprio negócio, se você quiser. Entretanto, poucos empresários têm sucesso hoje em dia sem dar a devida importância ao setor de vendas ou desenvolver qualificações para vendas. E, da mesma forma, pouca gente hoje no mundo empresarial consegue progredir sem 'vender' suas idéias.

Milhões de pessoas estão envolvidas na produção de bens ou serviços. O trabalho deles depende de outras pessoas que lhes vendem esses artigos ou serviços. As empresas precisam de você. As economias do mundo dependem de um processo contínuo de vendas. Suas qualificações e seu sucesso são mais importantes do que você pensa.

## Meça seus resultados

Seja qual for a sua meta principal, comece agora mesmo medindo suas metas menores e dividindo-as em objetivos e tarefas diários. Lembre-se que hoje é o seu dia de se preparar e que o seu sucesso futuro vai depender principalmente de seu plano e de sua dedicação a esse plano.

Dois aspectos desse gráfico são os mais importantes para medir. São eles:

- Número de visitas de vendas (o planejado e o real)
- Número de vendas fechadas (o planejado e o real)

**GRÁFICO DE AUTO-ADMINISTRAÇÃO**

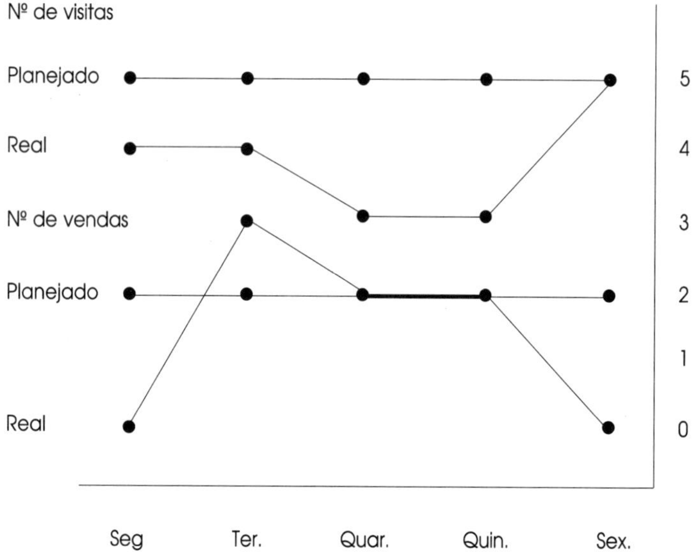

Se você estiver mesmo determinado a vencer, vai querer fazer um gráfico também do seguinte:

***Sistemas auto-administrativos***

- Número de chamadas telefônicas que faz para marcar entrevistas (o planejado e o número real de telefonemas feitos)
- Número de cartas de mala direta que envia (o planejado e o real)
- Número de referências que obtém de clientes antes e depois de efetuar a venda (planejado e real)
- Quaisquer outros métodos que você use para localizar possíveis interessados

Isso tudo comporá seu sistema de auto-administração.

### *Prevendo o não cumprimento das metas*

Se o seu gráfico mostra que suas visitas reais estão 25% abaixo do planejado para uma semana, você poderá esperar estar também 25% abaixo das vendas, a não ser que compense as visitas que deixou de fazer na semana seguinte.

As vendas não acontecem como um passe de mágica, e é disso que seu gráfico de controle administrativo o lembra ali na parede, de forma clara e inequívoca.

## Prontidão mental

Irá você alcançar o nível de sucesso que espera?

*Muito do seu sucesso vai depender de você lidar em cada aspecto do processo geral de vendas.*

Vender não é um processo místico. É algo previsível, lógico e gradual, como uma linha de produção. Quando incluímos os componentes adequados, obtemos o produto final pretendido. Quando utilizamos menos componentes que o necessário, obtemos um produto final inferior. Não há mistério nenhum nisso.

Planejar nosso sucesso estabelecendo nossa carga de trabalho diário é o primeiro componente. Os seis capítulos seguintes apresentam os outros aspectos. Quando realizamos cada parte componente na quantidade certa, com a qualidade e a freqüência adequadas, temos sucesso.

Os resultados que obtivermos advirão de nossas ações, não de nossa compreeensão. Costuma-se dizer que 'Conhecimento sem ação não serve para nada'. Em campo algum isso é mais verdadeiro que em vendas. Pegue a caneta e comece agora mesmo a criar suas metas *e* seus gráficos de auto-administração. O sucesso está em suas mãos.

**Lembre-se:**

conhecimento sem ação não serve para nada.

# ADQUIRA CONHECIMENTO DO PRODUTO OU SERVIÇO

A finalidade deste capítulo é ajudá-lo a criar um plano pessoal para você ganhar conhecimento do seu produto ou serviço, o que o ajudará a alcançar o máximo em sua profissão.

## Quanto conhecimento é necessário?

Comecemos pelo princípio. Quanto conhecimento você precisa ter? Talvez essa idéia ajude. Dale Carnegie aconselhava seus alunos de oratória: 'Aprendam sempre quarenta vezes mais do que forem usar'.

Por que quarenta vezes? É que nossa reserva de informação é parecida com uma bateria bem carregada. Mostra nosso entusiasmo, nossa confiança própria e, sobretudo, nossa *competência*. Não há dúvida de que isso também acontece em vendas.

Paremos por um instante para pensar em nossos clientes. Como eles nos encaram? Não somos nós o único elo entre eles e o produto manufaturado ou serviço que lhes é oferecido? Eles têm que depender de nós para aprender tudo o que quiserem saber a respeito.

É, portanto, uma boa idéia ter um conhecimento quarenta vezes maior do que seria necessário para uma única demonstração de venda, com um só cliente. Por isso, temos que nos concentrar em obter o máximo de conhecimento que pudermos, o mais rápido possível.

### *Quem é responsável?*

Primeiro vamos estabelecer as regras do jogo, eliminando toda idéia falsa. Para alcançar o nível mais elevado de experiência em relação a nosso produto ou serviço, convém considerar estes dois princípios:

- Investir em nós mesmos
- Não esperar que a empresa nos ofereça todo o treinamento

### *Invista em si mesmo*

Quantos anos levam médicos, advogados ou contadores se preparando para a profissão? Pois se nós quisermos nos especializar em alguma área, temos de entender, antes de mais nada, que precisamos investir em nós mesmos. Precisamos desenvolver nosso próprio plano. Se nossa empresa nos treinar, tanto melhor. Mas não podemos usar a falta de um programa de treinamento como desculpa para nos deter. O sucesso está em nossas mãos, ele depende de nós.

## A busca de fontes de conhecimento

Onde começamos? Queremos criar um programa que nos permita absorver um conhecimento quarenta vezes superior ao necessário, no mais curto espaço de tempo. Vejamos, para isso, algumas alternativas interessantes.

***Fontes de conhecimento do produto***

- Entreviste clientes atuais
- Estude a literatura do produto
- Estude a literatura do serviço
- Estude manuais de operação
- Leve técnicos com você a suas visitas de vendas
- Acompanhe outros profissionais de vendas em suas visitas a clientes
- Mantenha discussões
  - com pessoal operacional
  - com gerentes
  - com o pessoal do setor de desenvolvimento de produto
  - com distribuidores
- Observe a linha de produção
- Observe o serviço de campo
- Faça todo tipo de cursos de treinamento

## *Entreviste clientes atuais*

Entrevistar clientes atuais é uma das alternativas mais valiosas, e menos exploradas, do pessoal de vendas. Os clientes nos dão a informação do ponto de vista do *usuário*, o que é de um valor incalculável.

## *Obtenha benefícios*

O cliente não quer saber se a máquina de fax tem 'alta tecnologia de transmissão digital em alta velocidade'. O que ele quer é enviar um documento a seu colega da Austrália em 28 segundos *por causa* dessa alta tecnologia.

Devemos sempre salientar o benefício, e usar a tecnologia para provar que esse benefício é real.

Por que outro motivo faríamos tanta questão de visitar clientes atuais e conversar com eles? É que essas pessoas são uma fonte inesgotável de testemunhos, de referências, de novos negócios, de indicações, de inspiração, de entusiasmo e de informação sobre os concorrentes. De mais a mais, elas podem nos contar casos que poderemos contar aos outros e até nos fornecer material para propaganda na imprensa e artigos para jornais e revistas. Mas a parte mais importante disso tudo é o aprendizado imediato que você obtém.

Vamos a um exemplo. Há alguns anos estava eu envolvida com a venda de um serviço de computador. Como todos nós da equipe de vendas tínhamos vindo do setor industrial e pouco sabíamos de computadores, cada um precisava obter seu próprio treinamento o mais rápido possível. Então, consegui acompanhar uma técnica numa visita de conserto e, depois que ela identificou o problema, fiz uma pergunta ao cliente: 'O que levou a dar preferência ao nosso sistema, e não aos dos nossos concorrentes?'

'É que ele é muito fácil de usar e não tem erros', respondeu ele. 'Já sofremos muito com erros em nossos sistemas. Agora, completamos formulários de entrada todas as manhãs. Isso leva no máximo meia hora. Depois, os resultados voltam perfeitos, sem problemas', acrescentou ele.

Ali estava um testemunho que eu poderia usar para salientar os fatores velocidade e precisão de funcionamento! Rendeu a nossa equipe de vendas uma valiosa carta de recomendação, mais tarde transformada em material de propaganda na imprensa, o que o tornou ainda mais valioso.

Assim, você pode ver que os benefícios das entrevistas com clientes são infinitos. Por meio de entrevistas, nós ganhamos confiança no produto e na empresa. Somos informados dos benefícios que ele proporciona ao usuário. E ainda construímos um relacionamento que mais adiante pode conduzir a mais negócios com a mesma pessoa. Obtemos relatos sobre como o serviço é utilizado. Em suma, ganhamos confiança e motivação.

Depois podemos repetir o processo com usuários de diferentes grupos de indústrias, até adquirir conhecimento suficiente. Acredite, vale a pena empregar seu tempo nisso.

## Planeje sua estratégia

Use o dia de hoje para planejar uma estratégia para adquirir conhecimento de seu produto/serviço. A lista a seguir vai ajudá-lo a resolver quais métodos será melhor aplicar: Quem você irá procurar para obter a informação necessária? Quanto tempo vai dedicar a cada método? Quando vai entrar em ação? Use a lista para criar sua própria estratégia.

Estabeleça seu sistema hoje. Você talvez queira ligar para um ou dois clientes atuais para marcar entrevistas. Ou, quem sabe, desejará tratar do caso por telefone, se lhe parecer adequado. É claro que é sempre melhor fazê-lo pessoalmente, se isto for possível. As distâncias, a disponibilidade de tempo e a natureza dos produtos é que ditarão a abordagem apropriada.

Torne a examinar sua estratégia. Reservou tempo suficiente para ela?

***Conhecimento do produto/serviço***

| Método | Sim ou Não | Quem | Quanto tempo | Quando |
|---|---|---|---|---|
| • Entrevistar clientes atuais | .......... | .......... | .......... | .......... |
| • Estudar a literatura do produto | .......... | .......... | .......... | .......... |
| • Estudar a literatura do serviço | .......... | .......... | .......... | .......... |
| • Estudar manuais de operação | .......... | .......... | .......... | .......... |
| • Levar técnicos nas visitas de vendas | .......... | .......... | .......... | .......... |

***Conhecimento do produto/serviço (continuação)***

| Método | Sim ou Não | Quem | Quanto tempo | Quando |
|---|---|---|---|---|
| • Acompanhar outros profissionais nas visitas de venda deles | .......... | .......... | .......... | .......... |
| • Conversar com pessoal | | | | |
| – operacional | .......... | .......... | .......... | .......... |
| – administrativo | .......... | .......... | .......... | .......... |
| – de produto | .......... | .......... | .......... | .......... |
| – distribuidores | .......... | .......... | .......... | .......... |
| • Observar a linha de produção | .......... | .......... | .......... | .......... |
| • Observar o serviço de campo | .......... | .......... | .......... | .......... |
| • Fazer cursos de treinamento | .......... | .......... | .......... | .......... |

Talvez você queira passar uma hora por dia, durante a próxima semana, lendo literatura técnica ou, quem sabe, duas horas por dia. Você pode querer convidar um técnico para acompanhá-lo em sua próxima visita de vendas, ou combinar para acompanhá-lo numa visita técnica. Resolva isso agora e reserve tempo na agenda.

## Freqüente cursos de treinamento

Você pode querer convencer seu gerente a lhe patrocinar um curso de treinamento financiado pela empresa. Nesse caso, prepare-se para 'vender' essa idéia a ele; fale dos benefícios que a empresa vai ter com seu aprimoramento pessoal. Lembre-se de que seu chefe talvez tenha que vender essa mesma idéia aos superiores dele.

Mas, cuidado com o fundamental; isto é, o seu compromisso com seu próprio treinamento. Se a resposta for negativa, você mesmo é que terá de investir em si. Prepare-se para assumir a responsabilidade por seu sucesso pessoal.

Os chamados profissionais liberais gastam tempo e dinheiro preparando-se para alcançar sucesso em suas carreiras, e a carreira de vendas é tão exigente e estimulante quanto qualquer outra.

O que você deve fazer para encontrar cursos de treinamento que lhe serão úteis?

## Procure aprender com todas as entrevistas

Um grande gerente de vendas que conheci resumiu isso muito bem quando afirmou: 'No dia em que você pára de aprender, no setor de vendas, o seu profissionalismo morre'.

Depois de cada visita de vendas com qualquer pessoa do seu departamento, com ou sem experiência na profissão, ele sempre pedia: 'Diga duas coisas novas que essa última visita lhe ensinou'. Eis um bom conselho para todos nós.

## Ponha sua estratégia em ação

Reserve agora um tempinho para olhar para trás e ver as opções de que você dispõe para adquirir conhecimentos sobre seu produto ou serviço. Escolha as opções que mais se adequarem ao seu caso. Depois, bole uma estratégia segmentada que lhe permita saber quanto tempo vai dedicar a cada opção. Aproveite o dia de hoje para planejar esses segmentos.

**Lembre-se:**

no dia em que você pára de aprender,
seu profissionalismo morre.

# DESCUBRA OS MOTIVOS DA COMPRA

Sei de um professor universitário que choca sua classe dizendo: 'Ninguém toma nenhuma decisão na vida que não lhe traga benefício próprio de uma maneira ou de outra'.

Os alunos sempre protestam: 'É claro que isso não é verdade! As pessoas também fazem coisas por razões humanitárias. Há grupos assistenciais nas igrejas. Existem pessoas que fazem coisas por altruísmo'.

'Sim', retruca o professor, 'Mas, se examinarmos mais a fundo, o que é que as motiva? O que é que as faz tomar essa decisão? O que é que elas ganham com isso?'

E então ele passa a explicar que, mesmo nas ações humanitárias, as pessoas se sentem bem consigo mesmas por praticarem atos nobres. Isso é um benefício para elas.

### *Os motivos podem ser psicológicos*

Aos poucos, os estudantes aprendem a examinar os motivos que estão por trás das decisões e a procurar o que impulsiona as pessoas. Descobrem que os benefícios que elas obtêm podem ser psicológicos, tanto quanto materiais.

Pense em como isso se relaciona com sua própria situação de vendas. Quais são os benefícios que seus clientes obtêm? Pare de pensar nas qualidades do produto! Pense nos benefícios que ele oferece ao comprador!

## O meio certo de encontrar os motivos

Talvez você já tenha ouvido dizer: 'A pessoa que faz as perguntas mantém o controle da reunião'.

Para você controlar o seu sucesso, é necessário fazer perguntas. Não qualquer pergunta! Mas perguntas que levem às necessidades do cliente e aos motivos que ele tem para comprar.

Certa vez, sentei-me com um empregado novo para discutir sobre um cliente em perspectiva. Eu disse que na próxima entrevista, ele deveria fazer as perguntas que nos levariam a descobrir o motivo da compra. O rapaz disse que isso para ele seria fácil, já que se considerava um "bom papo".

Mas, ao fim de 45 minutos com o cliente, ficou óbvio que a conversa estava indo em todas as direções *menos* naquela que nos revelaria por que estava querendo nosso serviço. O empregado não tinha aprendido a manter a conversa no rumo certo. Aquilo parecia uma conversa sem propósito definido.

E atenção: isso de deixar que a conversa transcorra sem rumo não funciona em vendas, porque não dispomos do mesmo tempo que temos quando estamos conversando informalmente. É imperativo, portanto, fazer perguntas precisas que nos levem às respostas de que precisamos para identificar as necessidades de nossos clientes.

Essas perguntas poderiam ser:

- *'O que esperam obter de um fornecedor?'*
- *'Qual benefício esperam alcançar com isso?'*
- *'O que lhes poderíamos oferecer para convencê-los a mudar de fornecedores?'*

São três perguntinhas precisas e bastante diretas. Elas o levam na direção das necessidades e motivos do cliente. Pense em outras perguntas igualmente cabíveis. Crie sua própria lista de perguntas.

Imagine que você seja um velejador com o leme na mão. Quando o barco sai ligeiramente da rota, você aciona o leme para reconduzi-lo ao curso.

Para fazer perguntas eficazes e produtivas, só precisamos nos imaginar como velejadores. Quando a conversa começa a se desviar do curso, quando ela começa a bordejar sem rumo por aqui e por ali, precisamos reconduzi-la ao itinerá-

rio certo. 'É verdade; eu compreendo o que o senhor quer dizer e para nós é importante saber isso. Mas o senhor disse há pouco que queria um monitor de alta luminosidade...' e estamos de volta a nossa rota. 'Quais benefícios o senhor desejaria ter: maior produtividade, melhora financeira mais rápida, menos decepções?' continuamos implacáveis.

Pratique, pratique, pratique, até ser capaz de reconduzir a conversa a um rumo que desvende as necessidades e os motivos do cliente. A pessoa que formula as perguntas dirige a conversa. Devemos estar certos de que sabemos a direção que queremos seguir.

## *Identifique os motivos lógicos e psicológicos*

Podemos até ajudar o comprador em dois níveis: no nível lógico e no psicológico.

Outra forma de encarar a questão é dizer que toda compra feita por uma empresa sempre representa um benefício para a empresa e outro para o indivíduo que a faz. A maioria dos vendedores só se concentra no benefício lógico ou empresarial. Mas o benefício psicológico ou individual pode ser, e geralmente é, muito mais forte e persuasivo.

Que tal ir agora a um lugar sossegado - se houver! - e fazer uma lista dos possíveis interessados em seu produto ou serviço? Que motivos emocionais ou individuais eles teriam para comprar?

- *Do que precisam e o que querem afinal?*
- *Que benefícios estou em condições de oferecer para atender às suas necessidades?*

## Teste suas suposições

O título deste capítulo é *Descubra os motivos da compra.* Mas muitas vendas deixam de ser feitas porque as pessoas *supõem* já saber por antecipação o que os clientes querem.

***Lista de suposições sobre necessidades e motivos de compra***

Faça uma lista das suposições suas e de seus colegas sobre as necessidades e os motivos de compra de seus possíveis clientes.

- Preço (alto demais). Por quê?
- Preço (baixo demais). Por quê?
- Extras (relevantes e irrelevantes). Por quê?
- Distância
- Tempo de entrega
- Características
- Benefícios
- Serviços

Relacione todas as suposições em que puder pensar. Examine-as e pergunte qual seria a razão delas. É algo que o cliente falou? Qualquer coisa que o último freguês deixou gravado em você? Algo que um colega disse sobre o cliente? Precisará de confirmação?

O melhor meio de buscar a comprovação de nossas suposições é perguntando ao cliente. Aí temos que *ouvir* as respostas que ele nos dá e, de acordo com elas, readaptar nossa apresentação ou proposta. Se formos uma equipe de vendas, será preciso convencer os colegas a também evitarem essas suposições, que costumam custar caro.

Assim, compreenderemos quanto tempo e esforço temos perdido lutando na direção errada, e mudaremos nossa atitude perante as vendas. Se você realmente quiser se distinguir em evitar suposições precipitadas, tente descobrir as razões que o levaram a perder alguma venda. É o que fazem as melhores empresas.

Em *Segredos dos Maiores Vendedores do Mundo* a Sony nos contou que eles costumam se reunir e examinar sua conduta e os pressupostos estabelecidos. Não apontam o dedo para ninguém, eximindo-se de culpa; ao contrário, eles descobrem o que motivou a perda e como podem vencer da próxima vez.

Durante suas análises, você vai descobrir que suas suposições sobre os motivos de compra do cliente são fatais. Essa é uma lição que todo profissional precisa aprender.

## *Evite supor quem é o responsável pelas decisões*

Ao procurar saber por que um negócio deu em nada, você vai descobrir que o tempo todo havia pressões dentro da organização, que lhe escaparam.

Tivemos um expositor num seminário que contou ter trabalhado ombro a ombro com o diretor administrativo de uma empresa durante vários meses, a fim de identificar as necessidades dele. Ele achou que tudo estava na mais perfeita ordem, até apresentar a proposta final e descobrir que o diretor de produção também influía no veredicto.

Que foi que ele fez de errado? É um erro comum e desastroso. Ele *supôs* que a autoridade do diretor administrativo era suficiente. Não identificou as pessoas que influíam realmente na decisão de compra, e por isso não pôde descobrir as necessidades delas.

## A ocasião de apresentar motivos

Uma vendedora de sistemas de computador nos Estados Unidos é classificada constantemente entre as melhores de sua equipe nacional de vendas. Janet consegue 190% de seus objetivos ano após ano.

Vejamos a diferença essencial entre o procedimento adotado por Janet, que é uma profissional destacada, e os procedimentos seguidos pelos vendedores com desempenho médio.

Ela tem um valioso método de "ação dupla". Visita os clientes em perspectiva numa missão objetiva, para levantar dados, e os entrevista minuciosamente para descobrir suas necessidades e motivos. Ela se certifica também de entrevistar todo o mundo que possa ter alguma influência na decisão de compra.

Só então apresenta o benefício do seu produto e de tal modo que ele atenda às necessidades do cliente.

Concentra toda energia e só fala sobre aquilo que o cliente vai ganhar com o sistema que ela vende. Durante o período preparatório, ela reflete sobre as formas pelas quais o sistema dela pode atender às necessidades de cada um dos indivíduos envolvidos para, desse modo, justificar os custos na mente de cada um deles.

O vendedor médio nunca acerta o alvo, porque não se dedica a essa etapa investigatória preliminar. Suas análises de necessidades e motivos, quando ele as faz, são inadequadas. Resultado: não vende com a freqüência com que deveria vender. Vejamos algumas normas vitais:

- Nunca acredite conhecer por antecipação as necessidades e os motivos do cliente
- Identifique todo o mundo capaz de influir na decisão de compra
- Faça entrevistas para descobrir necessidades e motivos
- Obtenha os motivos lógicos e os psicológicos
- Saia e pense

- Fale dos benefícios do seu produto ou serviço que satisfaçam as necessidades e os motivos do cliente
- Só então faça sua apresentação de vendas, focalizando por inteiro os motivos de compra *deles*.

## Apresente motivos ligados aos benefícios

Durante sua 'reflexão' antes de efetuar sua apresentação de vendas, você terá feito anotações, relacionado as pessoas capazes de influir na decisão, pensado nas necessidades de todos os envolvidos. Terá, em suma, encarado sua apresentação por todos os lados, como uma representação tridimensional. Você terá pensado em todos os ângulos da questão, preparando-se para o próximo contato.

Talvez você até queira pôr isso num quadro.

| Benefícios do nosso produto | A | B | C | D | etc. |
|---|---|---|---|---|---|
| Necessidades da empresa X | | | | | |
| 1. | | | | | |
| 2. | | | | | |
| 3. | | | | | |
| Necessidades da empresa Y | | | | | |
| 1. | | | | | |
| 2. | | | | | |
| 3. | | | | | |

| Benefícios do nosso produto | A | B | C | D | etc. |
|---|---|---|---|---|---|
| Necessidades psicológicas Cliente A | | | | | |
| 1. | | | | | |
| 2. | | | | | |
| 3. | | | | | |
| Necessidades psicológicas Cliente B | | | | | |
| 1. | | | | | |
| 2. | | | | | |
| 3. | | | | | |

## Preparar, apontar...!

Armados com nossa lista dos seus verdadeiros motivos de compra e dos benefícios de que podemos oferecer para satisfazer as necessidades deles, não temos nada a temer.

Agora sim enxergamos claro o que temos que apresentar. Diante de nosso possível comprador, não iremos 'velejar à deriva'. Nada de improvisação. Apresentaremos nosso produto ou serviço de tal maneira e com tal arte que eles serão capazes de perceber os benefícios e dá-los por plenamente justificados. As necessidades lógicas e emocionais deles estarão satisfeitas. Tudo se ajustou no lugar certo.

Por quê? Porque o motivo de compra do cliente ocupou uma posição de destaque em sua consideração. Você se colocou no lugar do cliente e assumiu o ponto de vista dele. Em toda essa questão, você está do lado dele e ele perceberá isso.

**Lembre-se:**

quem faz as perguntas assume a direção. Assegure-se de dirigir seguindo o rumo dos motivos da compra.

# VENÇA AS OBJEÇÕES

Ao enfrentar objeções, seja em vendas ou na vida diária, estamos em face de fatores tipicamente humanos. Lidamos com a necessidade que as pessoas têm de se fazerem ouvir – elas precisam que nós reconheçamos suas opiniões, seus receios, suas dúvidas e seus enganos.

Isso requer um certo tato de nossa parte. Convém parar e refletir um pouco. É preciso determinação para fazer as coisas de uma maneira nova.

Vejamos aqui dois exemplos em que possamos aplicar o processo de combate a objeções para melhorar os nossos resultados. Meses atrás dei uma palestra para 150 pessoas de um partido político na República Tcheca que já tinham feito nosso curso de vendas e de marketing.

Depois de ter falado, perguntei a alguns deles: 'O que os senhores já aplicaram do nosso curso até agora?' A resposta foi pronta: 'Melhores métodos de lidar com as objeções do eleitorado'. Aí vemos a importância de saber vender e defender nossas idéias. A mesma coisa se aplica a nosso trabalho e a todas as demais áreas da vida.

Daremos um exemplo pessoal do poder do nosso processo para enfrentar objeções. Depois de aprender esse processo,

um de nossos instrutores deu conta de que tinha melhorado fantasticamente seu relacionamento com a filha adolescente. 'E como foi isso?', logo perguntei. 'Pus em prática a técnica tríplice de rebate às objeções que ensinamos em classe', explicou ele. A jovem disse ser aquela a primeira vez que sentia estar sendo ouvida pelo pai. Em conseqüência, a atitude e o espírito de colaboração da parte dela melhoraram muito.

No negócio de vendas, se a gente não eliminar as objeções, elas vão ficar ali como fumaça na mente do cliente o tempo todo. Temos que limpar essa atmosfera. Imagine um ventilador enorme levando isso tudo para fora da vidraça. Pois é o que você fará com o nosso processo de eliminar objeções.

## O processo

O processo tríplice pode ter resultados extraordinários também para você. Aqui vai ele:

- A iniciação (psicológica)
- A exposição (lógica)
- O esclarecimento (psicológico)

### *A iniciação*

Nossa iniciação dispõe as pessoas para ouvir, desfazendo todas as barreiras.

Muita gente dirige os refletores para a exposição. Esse pessoal esquece que a exposição não encontra nenhum eco se primeiro não pusermos abaixo todas as defesas do possível comprador. Falando do 'comprador' nesse caso, refiro-me a nosso ouvinte, seja ele nosso chefe, marido, mulher, filho, eleitor, colega ou cliente.

Se o cliente diz não, temos que recomeçar tudo, desde a iniciação. Mas, com certeza ele não o fará, pois nossas palavras o fizeram sentir que entendemos perfeitamente suas preocupações. Não passamos atropeladamente por cima das objeções que ele levantou. Levamos tempo para demonstrar simpatia, para nos pôr ao lado dele, para enxergar sua perspectiva, antes de iniciar nossa exposição lógica.

***A iniciação dá uma chance à outra pessoa:***

- Para se acalmar
- Para compreender que estamos do lado dela
- Para se sentir compreendida
- Para sentir que suas preocupações são reconhecidas
- Para se sentir respeitada
- Para construir um relacionamento conosco

Você acha que esses pontos são importantes para a pessoa que levantou a objeção? Claro que são. Aí está por que o nosso método melhorou o relacionamento de nosso instrutor com a filha, no exemplo dado anteriormente. Ela teve a sensação de que o pai, por fim, se dignava a ouvi-la e a prestar atenção ao ponto de vista dela.

### *O que as pessoas querem de nós*

É preciso pensar nisso com cuidado. Não é, afinal, o que todo o mundo espera de nós - ser ouvido e conseguir que suas preocupações sejam reconhecidas? E não é isso justamente o que fica faltando quando deixamos de lado o segmento da iniciação e caímos direto sobre o segmento da exposição?

***Não caia nesse erro.*** Se o fizer, estará tratando as objeções à maneira antiga e não terá nenhum progresso.

O ponto decisivo a extrair daqui é: por muito bom que seja o seu segmento expositivo, ele não vai atingir o alvo enquanto você não convencer o interlocutor de que compreende e valoriza as preocupações dele.

## Lidando com objeções de preço

Vamos tratar de um assunto importante para o pessoal de vendas - a questão de vencer as objeções ao preço. Antes, porém, vamos examinar a diferença entre o sucesso e o fracasso. Ocorre que a maioria dos vendedores ineficientes *acredita* que poderia vender *se* o preço fosse menor.

E, todavia, os grandes vendedores não consideram o preço um obstáculo. Por quê? Pense bem nisso, porque é quase certo que você também já caiu nessa armadilha alguma vez.

Por que grandes vendedores desfazem objeções de preço com tranqüilidade enquanto tantos outros ficam bloqueados?

As razões são *atitude* e *compreensão.* Se pensamos que nossos preços são altos demais, não há dúvida de que transmitiremos essa impressão ao cliente. Se pensarmos que nossos preços são exagerados, não procuraremos os benefícios que os justificam.

Mas será que nossas empresas permaneceriam no negócio se seus preços não justificassem os benefícios? Provavelmente não.

Se o preço for mesmo muito alto, chegou a hora de sanar o mal ou mudar de emprego. O ponto importante é o seguinte: *não* cometa o erro da maioria dos vendedores ineficientes, que é tentar ignorar as justificações de preço.

Temos de ir atrás dos grandes vendedores e aprender como justificar preços. Isso vai servir de base para formarmos uma explanação lógica do produto. E também temos que lembrar de introduzir o assunto, para depois passar à nossa justificação de preços.

Por que não arregaçar as mangas e ver o que você pode fazer? Aposto que vai se surpreender.

Elabore suas respostas hoje utilizando o quadro da página 49 e o exemplo que segue.

### *Exemplo*

'Gostei do produto, mas o preço é exorbitante', protesta o cliente. Seja dito que a essa altura ainda não fazemos idéia do que ele entende por 'exorbitante'. Será mais alto que o da concorrência por exatamente a mesma coisa? Mais alto do que o orçamento que ele dispõe? Mais alto do que ele esperava? Devagar, porém; ainda não podemos perguntar; é preciso, primeiro, vencer a resistência.

### *A iniciação*

Pense em como introduzir o assunto. Precisa ser a maneira certa para você e para o cliente. Preencha o campo para a resposta no quadro da página 49, como por exemplo:

'É verdade, posso bem entender sua preocupação com os preços, senhora. Com a economia do jeito que está, é preciso saber usar cada centavo. Na verdade, a senhora não é a única. Grande parte de nossos clientes informou que estava mesmo muito preocupada com os nossos preços, antes de usar nosso serviço. Mas, depois, esses clientes voltaram, nos dizendo que tiveram um retorno de 100% apenas em três semanas.'

### *A exposição*

Agora, fazemos nossa transição para a exposição lógica. Na introdução, manifestamos compreensão para com a preocupação *do cliente.* Até dizemos que outras pessoas também pensavam como ele.

Não medimos esforços para demonstrar que compreendemos a preocupação, do ponto de vista do cliente.

Agora, quais *são mesmo* os benefícios que justificam nossos preços? Que razões podemos dar para justificar essa despesa? Pois olhe, você provavelmente descobrirá dezenas, assim que começar a procurá-las.

Será melhor obter essas razões de seus clientes atuais e antigos, porque assim você terá histórias verdadeiras para contar, em que seus clientes irão acreditar. Por exemplo, 'O sr. Morales, da firma Tamarco, contou-me a semana passada que eles reduziram em trinta minutos o tempo ocioso diário, graças ao nosso serviço. Isso perfaz 20.000 dólares por ano'.

Sempre temos que procurar associar os motivos de compra do cliente com os benefícios da nossa exposição. Você não precisará falar sobre o tempo ocioso poupado, se isso for irrelevante. Temos que escolher algum benefício que realmente justifique o preço para aquele cliente em particular.

### *Faça uma tempestade cerebral sobre a justificação de preço*

Torne a examinar o quadro de objeções da página 49 e enumere todas as justificações que puder lembrar, depois converse com colegas e clientes para aumentar a lista.

Não desista nem se desespere. Lembre-se: sua preparação hoje renderá muitos frutos amanhã. Se você não puder justificar os seus preços, o cliente muito menos. E você quer ter sucesso na vida, não quer? Por isso está lendo atentamente este livro. Pode parecer uma tarefa enfadonha, mas, uma vez terminada, será uma verdadeira mina de ouro.

Comece a lista agora, antes de continuar a leitura. Não faz mal que seja só um ou dois pontos rabiscados em um pedaço de papel; já é um começo. O primeiro passo é o mais difícil e nós queremos colocá-lo na trilha da vitória.

E lembre, o sucesso está em nossas ações, não em nossas compreensões. Precisamos ser inexoráveis conosco, se estamos formando novos hábitos de sucesso.

## A pergunta decisiva

Agora, chegou a hora de perguntar: 'Será que desfiz as suas preocupações sobre o preço?'

'Ah, sim, mas ainda estou preocupada com o custo da instalação', ela responde.

Bom! Então percebemos que ela aceitou o preço do produto; agora, o que a preocupa são os custos da instalação do sistema. Isso não é problema.

***Tornamos a usar o processo tríplice***

- Começamos do princípio, com uma nova introdução.
- Depois passamos para a etapa seguinte, que é a exposição lógica. Falamos sobre os benefícios que ela vai ter em troca do preço que pagar pela implantação.
- Aí passamos para a terceira fase. Fazemos uma pergunta que nos permita ver se ela aceitou ou não nossa exposição.

***Quadro tríplice do processo para vencer objeções***

1. Iniciação (fator humano/psicológico)

   *Isto abre os portões de ferro e quebra a resistência.*

   ..........................................................................

   ..........................................................................

2. Exposição (fator lógico)

   *Justificação – benefícios recebidos em troca do dinheiro pago*

   *a.* ......................................................................

   *b.* ......................................................................

   *c.* ......................................................................

   *d.* ......................................................................

3. A questão do esclarecimento (fator humano/psicológico)

   *Será que o cliente compreende e aceita nossa explicação?*

   ..........................................................................

   ..........................................................................

## Fechando negócio apesar das objeções

Pode ser que nem todas as preocupações dos clientes sejam sanadas. Sempre haverá um concorrente oferecendo alguma coisa que nós não temos condições de oferecer. Sempre haverá solicitações que não seremos capazes de atender. Mas, se o número das preocupações do nosso cliente que conseguimos eliminar for superior a suas dúvidas, teremos obtido sucesso.

Você sempre pode usar o método direto: 'Senhora, nós examinamos a lista com os dez requisitos que nos propôs. Só não deu para atender dois deles, mas estamos em condições de atender oito. *Espero que esses oito sejam os mais importantes. São os seguintes...'* (Enumeramos os benefícios e as justificações de preço, de acordo com as expectativas dela.)

Então perguntamos "Seria esse o tipo de serviço capaz de atender a sua necessidade?" *Assim você ajuda a cliente a ter uma idéia geral da situação.* Provavelmente, oito requisitos atendidos numa lista de dez seja mais que o suficiente para atender a suas demandas, especialmente se os requisitos que você tem condições de oferecer superarem aqueles que você não pode atender.

Ao preparar-se para o sucesso, você irá querer armar-se de uma lista de prováveis objeções e de possíveis respostas. Use para isso o quadro a seguir e acrescente quantas folhas precisar.

As respostas que preparar por antecipação nesse quadro podem ser usadas durante suas demonstrações de vendas, em telefonemas com clientes prováveis e até em comunicações escritas.

Pense agora em todas as áreas em que você pode usar o processo tríplice de combate a objeções. Estabeleça hoje uma meta para melhorar seu índice de sucesso nesse campo.

Agora pense em termos de:

- Praticá-lo
- Lembrar-se de fazê-lo

**Lembre-se:**

a introdução é a chave da aceitação de sua exposição. Ela põe abaixo os portões de ferro da resistência.

***Quadro de referência para objeções***

1. Preço
   Iniciação
   Exposição
   Satisfação/pergunta

2. Tempo de entrega
   Iniciação
   Exposição
   Satisfação/pergunta

3. Falta de experiência
   Iniciação
   Exposição
   Satisfação/pergunta

Relacione outras objeções possíveis

4. ______________
   Iniciação
   Exposição
   Satisfação/pergunta

5. ______________
   Iniciação
   Exposição

6. ______________
   Iniciação
   Exposição
   Satisfação/pergunta

# APRESENTAÇÕES E FECHAMENTOS DE VENDAS

PERGUNTE - O motivo empresarial da compra do cliente

PERGUNTE - O motivo pessoal da compra do cliente

CONHEÇA - Adquira conhecimento sobre o produto

CONHEÇA - Os pontos fortes e fracos da concorrência

RESPONDA - Estabelecendo ligações entre necessidades e benefícios

RESPONDA - Como você vence objeções

REVISE - Necessidades e benefícios

PERGUNTE - Qual a decisão deles

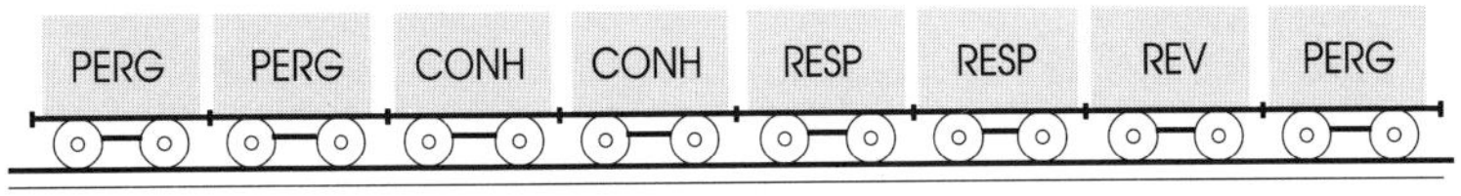


Imagine cada parte do processo de apresentação como um vagão separado de um trem de carga. Cada vagão está esplendidamente pintado e seu interior está abarrotado de jóias.

Imagine que nós somos os inspetores da estrada de ferro. Caminhamos ao lado dos vagões, abrindo suas portas, e vemos que cada um deles está cheio de pedras preciosas azuis, amarelas e verdes.

Essas jóias representam:

- Fatos
- Respostas
- Ligações

As pedras azuis representam os fatos. As amarelas representam as respostas que obtemos. As verdes representam as ligações entre elas.

Em sua apresentação de vendas, ao combinar os fatos com as respostas às perguntas que faz, você será capaz de estabelecer ligações decisivas. Essas ligações serão sinal verde para suas vendas.

## Pergunte – o motivo empresarial da compra do cliente

Vamos dar uma espiada no interior do primeiro vagão, reservado ao motivo empresarial da compra. Estará quase vazio quando abrirmos a porta pela primeira vez. Haverá aqui alguns fatos sobre a razão por que a *maioria* das pessoas compra seu produto ou serviço, mas nenhum fato digno de nota sobre o motivo pelo qual *este* cliente específico quer o seu produto.

Já vimos que pressupostos não valem nada em vendas. Mas, à proporção que fazemos perguntas, nosso vagão vai se enchendo cada vez mais de fatos, de pedras preciosas, que nos ajudarão a estabelecer elos entre o motivo da compra e os benefícios que temos a oferecer.

A diferença entre você, um campeão de vendas e um vendedor medíocre é que você vai perguntar e perguntar, até *encher* o vagão de fatos e respostas.

Você vai descobrir os motivos de compra de todo indivíduo com poder de decisão, e de todos que são capazes de influenciar a decisão dele. Cada resposta, cada fato, acrescentará outra jóia autêntica ao nosso primeiro vagão.

O vendedor medíocre não se dará ao trabalho de perguntar, porque supõe que esse cliente seja igual aos outros.

Essas falsas suposições o levarão a estabelecer ligações inadequadas. Os benefícios que vendedores assim oferecem ao cliente serão, por conseguinte, corretos para outros clientes, mas não o serão necessariamente para esse cliente em particular. Gastarão tempo à toa. Não queremos que isso nos aconteça, porque compreendemos que o tempo gasto aqui é o mais valioso.

## Pergunte – o motivo pessoal da compra

A maioria dos vendedores ineficientes nem sequer empurra a porta do vagão para espiar, à procura do motivo pessoal da compra. Eles supõem que o primeiro vagão, o motivo empresarial da compra, é só o que importa. Sim, é verdade, não podemos vender sem satisfazer o primeiro vagão, mas não podemos deixar de levar em conta um ponto importante.

**Como faremos nosso comprador brigar pessoalmente pela compra?**

Se nosso cliente-contato não estiver pessoalmente motivado a comprar, por que se importaria com isso? Afinal, eles são gente ocupada. Nossos esforços de vendas não passam de uma intrusão em seu atarefado programa.

Precisamos identificar o que temos de bom também para eles. Será:

- redução de tempo?
- mais prestígio?
- diminuição do caos?
- redução de *stress*?
- melhor moral?
- atualização?
- progresso na carreira?
- mais tempo livre?

O que é que pode motivá-los pessoalmente? Precisamos *perguntar*. Temos que encher nosso vagão com verdadeiras jóias de respostas e fatos, a fim de criar os elos genuínos necessários à venda.

## Conheça – adquira conhecimentos sobre o produto

À medida que refletimos sobre a situação deles, as ligações vão se formando com mais rapidez. Temos o nosso conhecimento do produto, que são as jóias azuis do nosso vagão - os fatos acerca de nosso produto ou serviço. Agora, estamos despejando lá dentro gemas amarelas - as respostas a todas as nossas perguntas sobre os motivos de compra empresariais e pessoais encarnados por nosso cliente.

As jóias amarelas e azuis estão se misturando em nosso espírito e há faíscas verdes radiando dali. São as nossas ligações - a combinação de necessidades e benefícios, que constituem as razões pelas quais as pessoas compram.

Naturalmente, *seu* vagão está transbordando de conhecimento. Você conversou com clientes atuais, para descobrir por que eles usam seus produtos. Assim, descobriu os benefícios que eles obtêm do produto. Conseqüentemente, ouviu pessoalmente depoimento sobre esses benefícios. Você *sabe*.

## Conheça - os pontos fortes e fracos da concorrência

Não tenha medo de olhar para dentro do vagão.

Conhecimento é poder. Quanto mais soubermos, estaremos em melhores condições de defender os benefícios que *podemos* oferecer.

Nosso concorrente talvez tenha aspectos maravilhosos a apresentar, mas se esses aspectos não forem importantes para o nosso cliente, nós ainda poderemos vender nossos benefícios e ganhar dele. O importante é estar informado do que a concorrência *de fato* está oferecendo.

Aí não seremos pegos de surpresa. Teremos tempo para refletir sobre isso, para nos acostumarmos com a idéia e aceitá-la como um aspecto vantajoso, mas sempre dentro de um quadro geral.

'Sim', diremos nós, 'eles oferecem isso, nós aquilo. Agora vamos ver quem quer o quê. Vejamos o conjunto dos benefícios deles e o nosso. Levantemos o custo dos benefícios deles e o dos nossos, e esperamos para ver quem está disposto a pagar quanto por esses benefícios.'

Então, quando um cliente disser que nosso concorrente tem a característica A, estaremos em condições de contra-atacar dizendo: 'A propósito, o que os senhores acham dessa tal característica? Hoje o mercado anda cheio de características assim. Nós criamos as nossas pesquisando o que os usuários mais desejavam em termos de preço, facilidade de uso' etc. Desse jeito, nós ajudamos o cliente a ter uma visão geral da situação.

Ajudando-os a reavaliar a oferta, talvez eles descubram que a tal característica vantajosa não tem nenhuma importância afinal. O último vendedor que os visitou talvez os tenha deixado com a impressão de que eles não poderiam mais viver sem a característica da moda. Mas você, graças à sua persistência em tentar identificar os verdadeiros motivos de compra, pode ajudá-los a refletir:

- Precisarão mesmo disso?
- Será mesmo uma vantagem?
- Irão usá-lo realmente, ou há outro motivo?
- O que isso custará ao cliente, seja financeiramente ou em termos de aprendizagem, tempo, energia?
- Do que terão que abrir mão para ganhar isso?
- Quais são os custos iniciais e seguintes?
- O que seu pacote de características e benefícios tem a oferecer mais que o deles?

Insistimos, conhecimento é poder. Como nosso vagão está repleto de conhecimento sobre os concorrentes, estamos em condições vantajosas, e não em estado de fraqueza. Pouco temos a temer. Seremos capazes de estabelecer ligações que funcionem para nós *e também* para o cliente.

## Responda – as ligações entre necessidades e benefícios

Esse é o momento da verdade. Quero dizer literalmente, acredite. Se tivermos a verdade em termos das necessidades e dos motivos do comprador, se tivermos todos os fatos reais sobre o que nosso produto pode oferecer, então estaremos em condições de criar essas ligações que darão ao cliente "sinal verde" para comprar.

Hoje em dia vender não é mais um processo de manipulação. É ajudar o interessado a *enxergar* o que lhe temos a oferecer e como nosso produto atende a *suas* necessidades. Observe que essa moeda tem dois lados e o outro lado da questão é a nossa chave do sucesso.

- O que *temos* a oferecer
- Como isso atende às necessidades *do cliente*

Muitos vendedores ineficientes só se concentram na primeira parte. Não param para pensar que o cliente não vai querer comprar de quem só diz: 'Nós estamos em condições de fazer isso ou aquilo, nós estamos, nós...'

Afinal, quem é a pessoa mais importante do mundo? O cliente, é claro. E ele se sentirá importante diante de um vendedor que só sabe falar do produto e do que o produto é capaz? Claro que não. É a ligação que determina a venda.

E não podemos estabelecer a ligação sem indagar do cliente o que ele quer, que benefícios espera, qual objetivo tem em mira, como pretende usar. Não o faremos em tom de interrogatório policial, claro; mas como quem está realmente interessado em compreender para procurar ajudar.

Não caia no erro dos vendedores ineficientes, que só fazem o trabalho pela metade. Porque então você só obterá metade dos resultados. Faça o trabalho por inteiro - estabeleça a ligação. Diga-lhes como seu produto atende às necessidades deles. Faça isso, e suas vendas mais que duplicarão.

Isso é válido para qualquer setor, desde o de venda a varejo até o aeroespacial; de produtos e serviços a política e educação. Se quisermos vender seja o que for, mesmo uma idéia, teremos que estabelecer uma ligação *impecável* com as necessidades e os motivos da outra pessoa.

Detenha-se aqui e faça uma lista de seus benefícios e das prováveis necessidades dos vários clientes que visitará. Esse processo vai ajudá-lo a pensar com certa independência quando estiver diante deles.

Por exemplo:

***Quadro de elos necessidades-benefícios***

Cliente A

*Necessidade:* O cliente precisa reduzir as despesas gerais do departamento, no próximo ano, em 15.000 dólares.

*Benefício:* Nosso sistema economiza 20% em horas/homem mais que seu sistema atual.

*Ligação:* Os senhores poderão dispensar dois funcionários temporários, poupando 30.000 dólares. Esses 30.000 dólares abatidos das despesas gerais pagarão o sistema no primeiro ano, além de reduzir seus custos operacionais em 15.000 dólares, que era a sua meta. Daí em diante continuarão a economizar todos os anos.

1. Cliente B

   *Necessidade:*
   *Benefício:*
   *Ligação:*

2. Cliente C

   *Necessidade:*
   *Benefício:*
   *Ligação:*

3. Cliente D

   *Necessidade:*
   *Benefício:*
   *Ligação:*

Depois que tiver desenvolvido a capacidade de criar essas ligações, você será capaz de comunicá-las oralmente ou por escrito, ou dos dois modos, aumentando assim seu índice de fechamento de negócios.

## Responda - como você vence objeções

Lembre-se de que as objeções impregnam o ar como fumaça. Mas *você* não permitirá que isso aconteça, porque vai usar a técnica tríplice de rebater objeções do nosso capítulo *Terça-feira*. Você os fará entender que *realmente* compreende o problema deles. Depois dará explicações e, a seguir, perguntará se a preocupação foi debelada.

Os vendedores ineficientes não enxergam esse vagão cheio de jóias valiosíssimas. Eles o vêem cheio de serpentes e demônios. Querem-no fechado à chave. Tratam de contorná-lo, ficando o mais longe dele que puderem *o tempo todo.*

Apressam-se a varrer todo e qualquer indício de objeção para debaixo do tapete, esperando ingenuamente que ele não torne a aparecer. Mal sabem que estará ali, latente, o tempo todo, enquanto o cliente está preso à idéia de que a objeção levantada é mesmo procedente. Aliás, a essa altura, ele até já imagina estar fechando a pasta para ir embora, enquanto o vendedor ineficiente continua a falar - *agora já sem ser ouvido.*

Seu vagão, por outro lado, está repleto de jóias azuis e amarelas, porque você estudou as prováveis objeções e as soluções, fez perguntas para descobrir onde se aninhavam as maiores preocupações dos clientes.

Você tem os fatos e as respostas. Por isso, rebate objeções com rapidez e facilidade, como se pegasse na mão da pessoa e a conduzisse tranqüilamente por um labirinto.

## Reveja - necessidades e benefícios

Isto é o mais importante, porque nos dá uma visão panorâmica. Discutimos características, benefícios, necessidades, motivos e objeções. Agora já estamos preparados para uma panorâmica. 'Os senhores disseram que queriam X, Y e Z. Ainda querem?' podemos perguntar. Estamos ajudando-os a se reconcentrarem nas necessidades deles; a cortar o que for irrelevante; a esquecer os glorificados benefícios oferecidos por nossos concorrentes.

A seguir dizemos: 'Examinamos nossa possibilidade de atender X, Y e Z por meio desses métodos...' E apresentamos nossos benefícios sucintamente.

Não nos detemos muito nesse ponto até que os clientes se esqueçam do que vem a ser X, Y e Z.

Em vez disso, continuamos escolhendo palavras que concentrem a atenção deles no que eles obtêm, e não no que nós lhes damos. 'Com esta máquina os senhores podem transmitir cópias de seus documentos para o escritório de vocês da Austrália em 28 segundos. Isso os ajudará em seu objetivo de acelerar o tempo gasto nas comunicações para vencer concorrências e ganhar contratos.'

Não vamos dizer: 'Está máquina lhes proporciona tecnologia digital grupo 3, de transmissão em alta velocidade'. Seria falar sobre a máquina e não sobre o cliente. De mais a mais, isso não faz nenhuma referência ao objetivo deles!

E, no entanto, é bem assim que a maioria dos vendedores inexperientes conduz suas apresentações. Mas não você, é claro, porque seu vagão está cheio de ligações, aquelas jóias que você cultivou combinando necessidades com benefícios. Você faz uma distinção clara entre os benefícios importantes e os não importantes para o cliente e acentuou os que são verdadeiramente essenciais.

Agora você se aproxima do último vagão - o vagão da sua finalidade última, da sua razão de ser como vendedor.

## Pergunte - qual foi a decisão deles

Uma pesquisa recente revelou que quatro em cada cinco possíveis compradores *esperam* que lhes perguntem se eles querem ou não comprar o produto. Eles não se adiantam em comprar, mas *aguardam* que nós, como parte do nosso processo de vendas, lhes perguntemos. E se a pergunta não vem, o instante da compra passa.

Vejamos as causas que levam esse momento crítico a nos escapar. Muita coisa pode acontecer. Um concorrente pode fazer essa pergunta antes de nós e fechar a venda, os clientes podem perder o interesse na compra, ou podem desviar os fundos para outro projeto.

Logo, o vendedor ineficiente, que não formula a pergunta, sai perdendo.

Seu método, porém, é diferente. Desde o começo você tem se esmerado. Não é agora que iria falhar.

Você os fez saber como seu produto ou serviço pode ajudá-los, construindo assim uma espécie de relação de compromisso e dedicação, a cada passo, com eles. Seu método os levou a se verem usando o produto e dele se beneficiando. Agora - quando você lhes pede uma decisão - esta já foi tomada.

Os benefícios são incontestáveis e eles se ajustam com perfeição às necessidades expressas do cliente.

Na busca deles por uma resposta, você atuou como um catalisador. Você os ajudou a sair do labirinto escuro. Você os fez enxergar a resposta. Agora que pergunta pela decisão, esta não será uma grande surpresa. Esse momento não é, de modo algum, um momento de pressão ou de tensão. Nada disso. É uma evolução natural dos acontecimentos, e nosso cliente espera de você esta pergunta:

- 'O senhor vai levar, então?' poderíamos perguntar atrás do balcão de uma loja
- 'Será que esse serviço lhe seria conveniente?' poderíamos indagar na venda de serviços
- 'As nossas vantagens não são mais interessantes que a de outros fornecedores?' poderíamos perguntar na venda de sistemas
- 'Vão trabalhar conosco, então?'
- 'Que data poderíamos combinar para a implementação de nosso negócio?'

Pare agora e faça uma lista de perguntas para fechar o negócio que lhe pareçam adequadas. Assim, quando você chegar ao momento da apresentação, não ficará com medo. Ao contrário, você verá ali um vagão pleno de jóias preparadas. Você terá um arsenal de perguntas e mais perguntas que você mesmo idealizou, que funcionam para você e não para outra pessoa.

Torne a dar uma espiada no diagrama do trem de carga na primeira página do capítulo. Percebe agora o segredo do seu sucesso e a razão do fracasso dos outros?

A maioria dos vendedores ineficientes nem ao menos tem um trem de carga. Eles têm um conhecimento muito limitado do produto. Não fazem perguntas para identificar necessidades (imaginam de antemão que já as conhecem). Não estabelecem ligações com necessidades. E só sabem falar sobre o produto. Evitam objeções o mais que podem. E não formulam a pergunta final sobre o fechamento do negócio.

Você contrataria uma pessoa assim para trabalhar no seu negócio? Provavelmente não, e todavia muitos gerentes não têm escolha. Eles precisam contratar pessoas, encontrar meios de treiná-las, motivá-las e depois esperar pelo melhor.

Já com você a coisa é outra. Você está construindo seu próprio profissionalismo, fato que o torna um artigo raro, algo assim como uma agulha num palheiro.

Pois olhe, continue assim. A recompensa já está vindo em sua direção.

Não se limite a fazer sua apresentação de vendas. Faça-a *e conclua a venda.*

**Lembre-se:**

quatro em cada cinco clientes esperam que perguntemos pelo fechamento do pedido.

# SISTEMAS QUE PROVOCAM AÇÃO

É vital malhar enquanto o ferro está quente.

Se dermos cobertura a uma carta de mala direta telefonando ao destinatário duas semanas depois, nosso telefonema só terá um quinto da eficácia que teria se fosse feito depois de três dias.

Por quê? Porque ao fim de dois dias as pessoas esquecem 80% de tudo o que ouviram ou leram. Se ligarmos logo depois que a carta foi recebida, elas se lembrarão bem do assunto. Se o fizermos três semanas depois, não.

O mesmo acontece com relação a você ir atrás do interessado em busca de uma decisão. Qual é a razão para procurá-lo

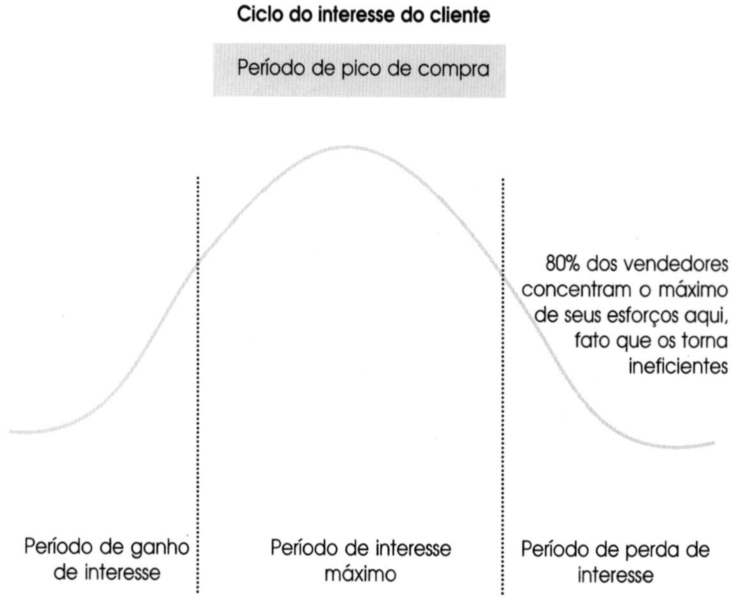

mais tarde, dando uma chance à concorrência ou deixando o cliente desviar seu orçamento para outro negócio?

## *Trabalhar duro ou atuar com precisão?*

No entanto, o fato é que a maioria dos vendedores dedica tempo e esforço ao processo da venda quando já é tarde demais.

Uma vez que não têm sistemas que provocam ação, eles fazem as coisas quando dispõem de tempo. Quando geralmente já é tarde.

## *Os benefícios dos sistemas que provocam ação*

Um sistema que provoca ação ajudará você a empregar seu tempo onde for importante - fechando as vendas que você começou e acionando o número correto de novos interessados para cumprir as metas que você mesmo se impôs.

## *Qual é sua experiência?*

Que tipo de sistema você tem agora?

Talvez sua experiência seja meio parecida com a do John, um vendedor experiente que veio fazer o nosso curso. Ele estava procurando desesperado um jeito de aumentar as vendas, mas não sabia mais que caminho deveria tomar.

Perguntamos a ele qual o tipo de sistema que ele tinha, e ele respondeu que anotava tudo em uma agenda.

Afirmou que, diariamente, transcrevia tudo numa folha nova. Admitiu que o método dava trabalho e era fácil de esquecer ou extraviar alguma coisa. Demos uma olhada no sistema dele e lhe mostramos este quadro.

| Sistema que provoca ação | | | | | | | |
|---|---|---|---|---|---|---|---|
| **Junho** | **1** | **2** | **3** | **4** | **5** | **6** | **7** |
| 1. Smith & Co | X | | | | | | |
| 2. UBloggs | | | | | | | |
| 3. Steman | | X | | | | | |
| 4. Winters | | X | | | | | |
| 5. Pear & Co | | | | | | | |
| 6. Johnston | | | | | | | |
| 7. Withers | | | | | | | |
| 8. Goodam & Co | | X | | | | | |
| 9. Jongs Bros | | | | | | | |
| 10. Kent Air | | | | | | | |
| 11. P.V. Anchor | X | | | | | | |
| 12. Bassett | | X | | | | | |

'A beleza desse sistema', dissemos, 'é podermos entrar no escritório de manhã e ver, num só relance, todos os principais clientes. Sabemos logo quais necessitam de alguma iniciativa de nossa parte.' 'Precisamos tomar providências com relação a duas empresas no dia 1º de junho e a quatro companhias no dia seguinte. São as das linhas 3, 4, 8 e 12. Abrimos esses arquivos e vemos o que é necessário fazer.'

## *Duas vantagens críticas*

Esse sistema nos dá duas vantagens decisivas. Primeira, não esqueceremos ninguém. Todos os nomes estão lá bem visíveis. Segunda, vemos num relance muito mais sobre nosso cliente em perspectiva.

Digamos que telefonamos a alguém cinco dias seguidos e não o encontramos. Passamos um X para o dia subseqüente, para nos lembrar de tornar a ligar.

Depois teremos mais informações críticas. Poderemos passar os olhos sobre a nossa folha e ver cinco X, um ao lado do outro. Saberemos então que nossos esforços não estão tendo sucesso. Se o possível cliente em questão for realmente interessante para nós, será melhor dobrarmos nossos esforços para conquistá-lo, ou partir para outro tipo de ação.

John parecia incrédulo, mas saiu e experimentou o método. Chamou-nos um mês depois, dizendo que os resultados do novo sistema fizeram suas vendas subir 40% ao fim de apenas 30 dias.

## *Deficiências em agendar compromissos diários*

'O sistema de agendar compromissos diários me fazia perder clientes', disse-nos ele. 'Fechei três vendas este mês só por tê-los colocado no quadro. Estou certo de que teria virado a página e esquecido tudo, pelo antigo sistema de agendamento. Mas, como os nomes estavam lá na folha mestra, não deu para esquecer. Também tomei mais consciência de meu empenho no trabalho feito com cada cliente até hoje, ao ver todas as minhas ações marcadas numa única folha. Fiquei mais determinado a vencer. Sinto-me mais no controle da situação.'

Você pode ter a mesma relutância que o John teve no início.

Você talvez tenha um sistema que lhe sirva. Bom proveito! Mas a questão é a seguinte:

- **Até que ponto ele estará funcionando?**
- **Quanto do seu negócio não estará indo pelo ralo sem que você perceba?**

Se você quiser alcançar excelência em vendas terá que virar do avesso suas atuais práticas para ver se há algum meio de fazer as coisas de outro modo. Bem, pode ser que você descubra uma pequena modificação em suas práticas que provoque resultados fantásticos.

Aproveite o dia de hoje para examinar seu sistema e descobrir os pontos fracos, ou para desenvolver um novo sistema.

## Sistemas computadorizados

### *Descubra a falácia*

'Temos um sistema computadorizado que é uma perfeição', disse um vendedor.

'Indica tudo quanto fizemos por um cliente e em que altura estamos do processo.'

'Ótimo', respondemos. 'Ele indica em qual dia terão de partir para a próxima ação? Mostra-lhes, em qualquer dia, uma lista de todos os possíveis clientes que devam ser contatados nesse dia?'

'Bom, disso eu já não estou tão seguro', respondeu ele. 'Mas podemos digitar o nome do cliente e chamar na tela todo o histórico de nossas ações.'

Reflita no que ele acabou de dizer e veja se você é capaz de descobrir aí duas ilusões. Não há nada de errado com os relatórios históricos, só que se trata de dados passados. Não nos induzem a pôr em prática uma dada ação em certo dia. O que estamos querendo é um sistema *que provoque* ação, não um diário de registros passados.

De modo que aí ocorre nosso primeiro engano - confundir 'ação praticada' com 'ação a praticar'. Queremos um relatório que nos deixe ver com clareza uma lista de ações decisivas logo no início do dia.

Também queremos um relatório que mostre as iniciativas que deveríamos ter tomado com relação a cada empresa, tendo ao lado o número de dias decorridos desde então, como nesses relatórios de devedores que a contabilidade usa.

Só aí teremos o que podemos chamar de um bom sistema. Só então saberemos se estamos malhando em ferro quente.

Torne a refletir no sistema de computadores do vendedor a que nos referimos e descubra um engano. Quando perguntamos se o sistema mostrava, todos os dias, uma lista de clientes que precisavam de alguma iniciativa de sua parte, ele disse *não estou seguro disso*. O que é que essa declaração nos diz sobre a utilização que ele faz do sistema? Diz-nos que ele não o estava usando de verdade; ao menos não de forma que o ajudasse a preparar suas atividades diárias.

Não há razão para você ter sistemas que não usa, e é ainda pior acreditarmos dispor de um sistema que nos auxilie, quando de fato ele não o faz.

O que interessa são resultados, não aparelhos que impressionem. 'Mas esse sistema vai me ajudar mais tarde', dizem as pessoas repetidamente, enquanto ficam hora após hora embevecidas diante de um computador.

Pode ser que ajude. Mas, enquanto eles estão gastando tempo preparando-se para o futuro, estão perdendo vendas importantes esta semana, por estarem plantados diante do computador e não diante do futuro cliente.

Examine fria e objetivamente seus sistemas e pergunte: 'Estarão eles me ajudando?' Se não estiverem, não se iluda mais com eles. Elabore alguma coisa rápida e cômoda que realmente funcione para você. Às vezes, um sistema manual é mais rápido, mais eficaz e mais fácil de transportar de um lado para outro.

## Sistemas manuais de prospecção

Eis um útil sistema manual para usar quando se está interessado em perseguir centenas de clientes interessantes de uma só vez.

Esse sistema consiste de dois fichários escolares. Ele é especialmente útil para as vendas por telefone e para marcar suas entrevistas.

No fichário nº1, temos 52 folhas, cada qual representando uma semana do ano. Em cada folha há o número da semana, a data e os dias da semana alinhados em cima.

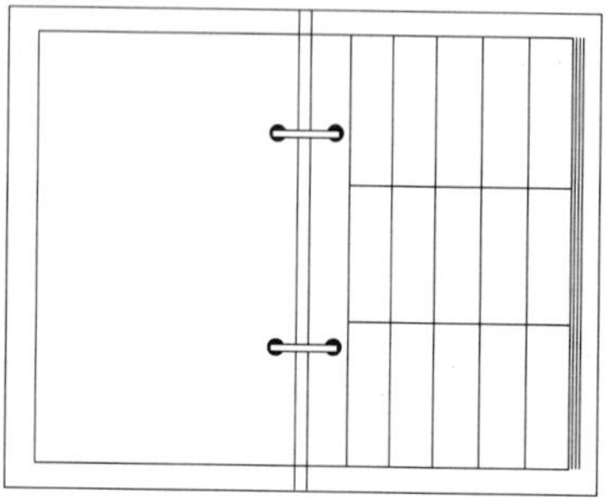

Fichário nº 1

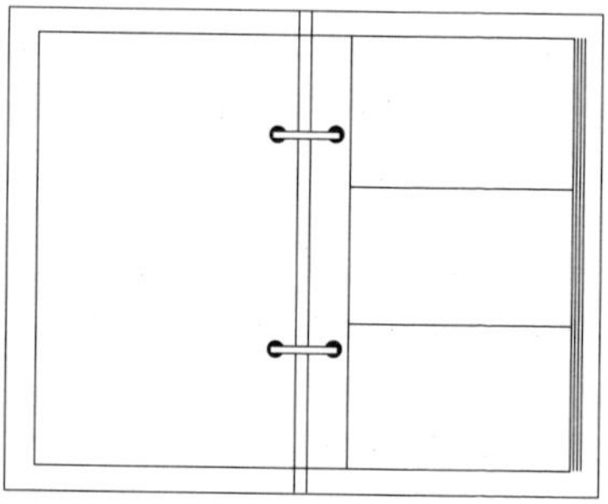

Fichário nº 2

Nelas, há um espaço para relacionar

- novos possíveis interessados
- *follow-up* de interessados
- confirmação de visitas

Cada folha será mais ou menos assim:

***Fichário nº 1***

Número da semana ......................
Data .........................................

| Novos possíveis interessados | | | | |
|---|---|---|---|---|
| Segunda | Terça | Quarta | Quinta | Sexta |
| | | | | |
| ***Follow-up* de interessados** | | | | |
| | | | | |
| **Confirmação de visitas** | | | | |
| | | | | |

Na segunda-feira, entramos no escritório e já nos inteiramos de que *temos que ativar certo número de novos interessados.* O número depende da nossa meta anual, que decompusemos em quotas de ação diária. Nosso possível interessado pode surgir de uma lista telefônica, vir da Câmara do Comércio, originar-se de um catálogo de indústrias ou das cartas de mala direta já despachadas.

Agora sim, já podemos ir ao encalço de cada um deles pelo telefone. É quando passamos para o segundo fichário, onde temos as informações sobre nosso futuro cliente.

Cada folha é mais ou menos assim:

| ***Fichário nº 2 – Informações sobre clientes*** | |
|---|---|
| Nome da Empresa<br>Pessoa<br>Cargo<br>Endereço<br>Telefone<br>Data do Contato<br>Detalhes da Discussão | Código A-103 |
| Nome da Empresa<br>Pessoa<br>Cargo<br>Endereço<br>Telefone<br>Data do Contato<br>Detalhes da Discussão | Código A-104 |
| Nome da Empresa<br>Pessoa<br>Cargo<br>Endereço<br>Telefone<br>Data do Contato<br>Detalhes da Discussão | Código A-105 |

As anotações de três ou mais clientes pretendidos podem acomodar-se facilmente numa página. Dado o volume de clientes, atribuímos um número-código a cada um, para facilitar sua inclusão nas folhas do fichário.

Na segunda-feira à noite, nossa folha estará mais ou menos assim:

***Fichário nº 1***

Número da semana ......................

Data ..........................................

**Novos possíveis interessados**

| Segunda | Terça | Quarta | Quinta | Sexta |
|---|---|---|---|---|
| A 105 | A 105 | | | |
| ~~A 106~~ | | | | |
| ~~A 107~~ | | | | |
| ~~A 108~~ | | | | |
| A 109 | A 109 | | | |
| ~~A 110~~ | | | | |

***Follow-up* de interessados**

| Segunda | Terça | Quarta | Quinta | Sexta |
|---|---|---|---|---|
| ~~A 63~~ | | | | |
| ~~A 22~~ | | | | |
| ~~A 37~~ | | | | |
| A 88 | A 88 | | | |
| ~~A 94~~ | | | | |

**Confirmação de visitas**

| Segunda | Terça | Quarta | Quinta | Sexta |
|---|---|---|---|---|
| A 80 | A 80 | | | |
| ~~A 26~~ | | | | |
| ~~A 34~~ | | | | |

Você verá que já conversou com a maior parte dos interessados. Eles têm traços diagonais sobre si. Os interessados A105, 109, 88 e 80 não foram encontrados, por isso estão relacionados para terça-feira, para se tentar um contato.

Todos os registros são mantidos no fichário A, de informação sobre possíveis clientes, e, quando este estiver cheio, criamos o fichário B.

Em vez de usar uma série de fichários para registrar informações sobre os nossos interessados, podemos usar cartões-ficha e caixas-fichário. Só que aí você pode perder cartões e colocar algum em lugar errado, coisa que no nosso sistema de fichários não acontece, sendo, ainda, muito mais fácil de transportar de uma mesa para outra ou do escritório para o carro.

Quando já tivermos conseguido um número suficiente de pormenores sobre um cliente em potencial, podemos querer abrir uma pasta sobre ele no arquivo.

Pare um pouco para pensar qual sistema vai funcionar melhor com você. Pergunte a si mesmo:

- Onde estarei quando for usar o sistema: no carro, no escritório etc.?
- De quantas entradas vou precisar por dia, semana ou mês?
- De que tamanho serão os meus fichários?
- Onde registrarei as informações de apoio?
- Qual deve ser o meu sistema?
- Quem vai usá-lo: eu, outros?

- Quem vai anotar os nomes dos interessados?
- Quem vai anotar, as ações subseqüentes necessárias e as datas respectivas?
- Em que hora do dia empreenderei essas ações, por ex.: telefonemas para marcar entrevistas ou para fazer o *follow-up*?
- Outras perguntas que venham de encontro à sua situação

Sem um sistema que provoque ação, não temos o sistema de apoio de que precisamos. Nossa energia se fragmenta e no final do mês ficamos decepcionados por não ter tido os resultados que esperávamos.

Aproveite o dia de hoje para bolar um sistema que provoque ações, capaz de tornar seus esforços eficazes.

**Lembre-se:**

seu sistema que provoque ação o coloca no controle da situação

# AUTOMOTIVAÇÃO E SISTEMAS DE APOIO

'Todo o mundo, uma vez por outra, se desanima', costumava dizer o meu primeiro gerente de vendas à nossa equipe, 'mas cabe a cada um de vocês sair dessa situação.'

Seria ótimo se todos pudéssemos ter gerentes de venda que torcessem por nós e nos encorajassem sempre, como os melhores treinadores esportivos.

Mas isso não funciona na prática. Os gerentes andam ocupados com muitas atividades, e não têm condições de saber da nossa personalidade e necessidades motivacionais, tanto quanto nós próprios. E o que é mais importante, o nosso sucesso depende de quem - de nós ou deles?

### *Seja seu próprio treinador*

Qual é a mensagem? Não podemos esperar que outra pessoa nos motive e construa um sistema motivador para nós. Nós é que temos de fazer isso. Precisamos ter em mente o nosso próprio treinador esportivo.

### *Qual é o apoio necessário?*

Vejamos o tipo de encorajamento que a maioria dos vendedores necessita e quer. Pense em sua própria situação cuidadosamente. Que tipo de apoio você quer quando está desanimado? E que espécie de apoio quer ter nos dias normais? Seja específico e complete a lista para o seu caso.

- Estabelecer metas
- Alcançar certo marco
- Desempenhar uma tarefa comum consistentemente
- Aparecer sem agendar
- Marcar entrevistas
- Um estímulo moral
- Ganhar confiança

Que motivação e quais sistemas de apoio você é capaz de colocar em prática, que lhe permitam alcançar o ponto máximo de sua carreira?

Neste capítulo vamos estudar a automotivação e os sistemas de apoio dos campeões, de modo que você possa escolher os que melhor funcionem para você.

Esses sistemas de sucesso incluem:

- Pessoas
- Manter-se positivo
- Vencer o desânimo
- Ousar ser diferente
- Vencer bloqueios
- Ir rapidamente em direção ao alvo

## Pessoas

O que você precisa das pessoas? Há um grande vendedor que conversa com a mulher pelo telefone, enquanto dirige, quatro vezes por dia. Ele gosta de ter com quem dividir seu progresso, seus altos e baixos, suas tribulações e tentativas.

Resolva qual tipo de apoio você quer das pessoas. Todos nós temos pessoas na vida que querem nos apoiar, especialmente se também estivermos dispostos a apoiá-las.

Você tem alguém? Abra a mente para acolher um número grande de torcedores potenciais. Sócios, amigos, colegas, gerentes de vendas, outros gerentes, pessoas do seu círculo social, pensadores do movimento New Age, a comunidade, a Câmara do Comércio, novas amizades, clientes.

Seja específico sobre a espécie de apoio que deseja ter. Releia a lista que aparece no começo do capítulo. Depois estabeleça suas metas e divida seu progresso com aqueles que o apóiam. Fazer um relatório de sua evolução para alguém, todos os dias durante uma semana, por exemplo, já pode colocá-lo numa nova trilha ou ajudá-lo a formar um novo hábito. Eu mesma faço isso com uma pessoa amiga que também tem uma empresa.

Reflita agora. Com quem você poderia falar? Você vai ficar surpreso ao descobrir quanta gente existe por aí que gostaria de dar e receber apoio.

## Mantenha-se positivo

Quais são as chances de seu cliente ser positivo, se você não for? Nenhuma.

Todos temos pensamentos negativos que perpassam por nossas mentes, mas depende de nós alimentá-los ou afastá-los. O primeiro passo é observar quais são nossos pensamentos.

### *Observe seus pensamentos*

Se você contasse os pensamentos que lhe ocorrem em um único minuto, acharia bem mais de 60.

Não podemos reter todos eles, então por que não escolher só os positivos? É comum cedermos aos pensamentos negativos, esquecendo que cabe a nós sustentá-los ou afastá-los.

### *Abandone o negativo*

Um alto executivo de vendas que eu mesma entrevistei para o *Segredos dos Maiores Vendedores do Mundo* desenvolveu seu próprio processo para "limpar a mente", que por sinal é bastante eficaz.

Ele dá uma volta a pé depois do trabalho, revisando os acontecimentos do dia, reconhecendo os erros que cometeu, o que lhe resta a fazer a tal respeito e como agir de modo diferente da próxima vez. Depois, ele abandona todo pensamento negativo ou sentimento de culpa que ainda lhe ficou dos erros cometidos.

Ou seja, ele se concentra em corrigir erros, em vez de se torturar por havê-los cometido - o que também é bom, mas não serve ao nosso propósito aqui.

Pense agora no sistema que você poderia criar para:

- Ouvir seus próprios pensamentos
- Concentrar-se em corrigir seus erros
- Apegar-se ao positivo
- Abandonar o negativo

Você pode reservar um tempinho para isso todos os dias, como faz aquele campeão de vendas a que me referi? Você é capaz de escrever o positivo? Que providências você pode tomar? Pense nisso enquanto lê os próximos parágrafos.

## Vença o desânimo

O melhor meio de eliminar o desânimo é tirar um tempinho para reconhecer seu próprio valor. Pare um momento e tente reconhecer o que você fez corretamente. Reconheça sua persistência, seu entusiasmo, sua determinação, seu progresso no sentido de se tornar uma pessoa organizada, sua capacidade de cultivar o talento para vendas, e assim por diante.

Descubra nas crianças a chave do desenvolvimento humano. Uma criancinha de dois anos diz: 'Eu sei fazer, eu sei.' Outra, de três, afirma: 'Eu já fiz, eu já fiz.' Elas vão da convicção, da determinação e da crença para o sucesso.

É o que nós também precisamos fazer para criar padrões de sucesso. Primeiro, precisamos ter uma atitude positiva em relação ao fato de que podemos fazê-lo, depois temos que reforçar o fato de que já o fizemos.

É essa a razão por que você precisa parar para reconhecer seu progresso e o sucesso que já alcançou. Não espere até chegar ao resultado final, porque assim, enquanto espera, você vai entrar em depressão. Reconheça o que tiver feito de bom, por pouco que seja, ao longo do caminho.

Para obter um máximo de sucesso, anote por escrito suas etapas bem-sucedidas e revise-as todas as noites ou quando estiver mais inclinado a perder o ânimo.

Muita gente acha mais fácil criticar-se do que reconhecer o próprio valor. Isso é o resultado de anos de uma prática constante. Agora, chegou o momento de reverter esse processo. Quando você se dá o devido valor, seu moral se eleva. E um elevado moral é essencial para você se manter em atividade.

Que tal fazer uma lista agora das qualificações e qualidades que você reconhece em si mesmo? Depois você poderá tornar a elas sempre que precisar de apoio moral.

| *Talentos e Qualidades* | | |
|---|---|---|
| | | |
| | | |
| | | |
| | | |

## Ouse ser diferente

Um alto executivo de vendas contratou uma secretária depois de estar no setor de seguros apenas por seis meses. Ninguém estaria disposto a ser tão ousado. Mas ele viu o potencial de fazer o que ele era capaz de fazer melhor e delegar o resto. Hoje ele tem quatro membros em sua equipe de apoio e ganha dez vezes mais que a média.

É bem provável que você esteja se privando de cometer uma ousadia. Talvez seja contratar uma secretária ou experimentar um novo método que ninguém ainda usa. Talvez seja investir em equipamento ou em pessoal de apoio ou, quem sabe se não será fazer apresentações ou demonstrações de um jeito diferente. Seja o que for, reexamine a questão. Torne a pensar nisso. Não tenha medo de ser original.

Talvez você acabe sendo uma inspiração não só para si mesmo, mas também para outros. Há muitos vendedores medíocres fazendo as coisas segundo o modelo padrão. Mas se você quiser ter sucesso, terá que ser alguém determinado, dedicado, positivo, disciplinado e diferente.

Mas, ser diferente apenas, não basta. Ser diferente, no entanto, além de ser determinado, dedicado, positivo e disciplinado pode conduzi-lo a um novo patamar.

Pense agora. De qual ousadia você está se privando? Anote isso no papel. Decida agora o que está disposto a fazer a respeito. Focalize o efeito a longo prazo que irá criar, não a resistência a curto prazo dos que estão à sua volta.

Pense nas questões que seguem:

- De que grande ousadia você está se privando?

  ..............................................................................

- O que estou disposto a fazer a tal respeito?

  ..............................................................................

- Que resultados posso esperar?

  ..............................................................................

## Vença bloqueios

A maioria vê certo número de obstáculos entre si e sua meta. É parecido com o seguinte:

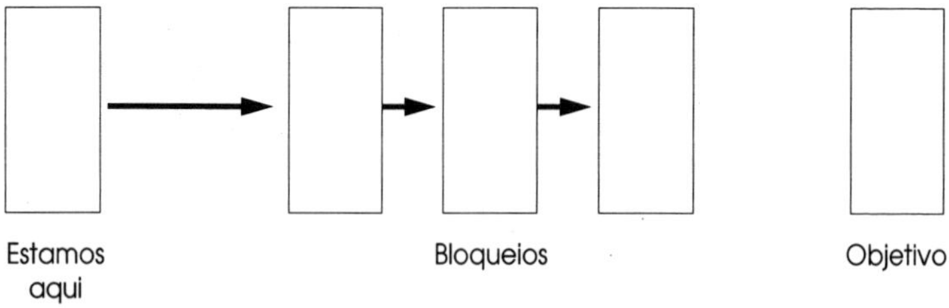


A mudança de mentalidade que nos ajuda a vencer os bloqueios é apenas a seguinte:

**Não perca seus objetivos de vista e concentre-se com toda determinação em formas de *contornar* os bloqueios**

É mais ou menos assim:

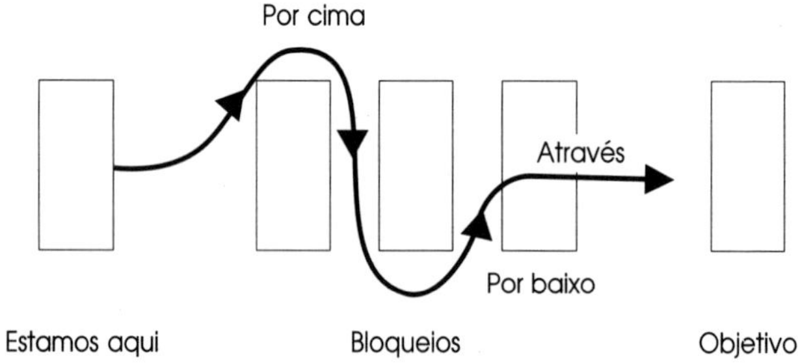


Na verdade, os bloqueios não passam de desafios que nos ajudam a nos desenvolver. O que é obstáculo para uns não é nada para outros, porque eles já desenvolveram qualificações naquela direção. Então por que não irmos também nessa direção para desenvolver essas mesmas qualificações?

## Vá rapidamente em direção ao alvo

Já ouviu dizer que 'a felicidade é diretamente proporcional à velocidade com que você se dirige para seus objetivos'?

Agora, façamos a nós mesmos as seguintes perguntas:

- O que acontece se não tivermos nenhum objetivo na vida?
- Se nosso objetivo não estiver bem claro em nossa mente?
- Se visualizarmos nosso objetivo como um todo e não como pequenos segmentos diários?

Todas essas ações nos fazem sentir que caminhamos devagar ou que não estamos caminhando rumo ao nosso objetivo. Somos colhidos pelo turbilhão de uma espiral descendente.

O que podemos fazer todos os dias para nos assegurar de que estamos criando uma espiral ascendente em direção a nossa meta? A resposta é ter nosso objetivo claramente definido, decompô-lo em segmentos de ação, e cumprir religiosamente esses segmentos todos os dias.

Quando você desenvolve essa disciplina, o sucesso estará em suas mãos. Sem ela, você estará desperdiçando energia. A propósito, qual é mesmo *seu* objetivo claramente definido? E quais são os segmentos que o ajudarão a alcançá-lo?

### *Tome a direção mais desafiadora*

Uma mulher muito bem-sucedida que eu conheço diz: 'Quando você está numa encruzilhada, siga a direção que represente o desafio maior'. Por que ela diz isso? Porque os desafios nos fazem crescer e nos levam a nos sentir bem em relação a nós mesmos. Se nos desviamos da trilha do desafio, ficamos estagnados.

Falei sobre isso numa palestra para um grupo de executivos de vendas da Malásia e, entre os presentes, estava um vendedor da IBM. Um ano e meio depois, ele veio até mim e disse que esse conselho mudara completamente sua vida.

Ele já vinha se saindo muito bem, mas com essa nova determinação de tomar o rumo que representasse o desafio maior em todas as suas decisões, sua vida se tornou incrivelmente rica, cheia de novas e emocionantes oportunidades.

Pense agora nos caminhos desafiadores que estão diante de você. Talvez você não os encarasse desse modo antes. Quem sabe eles não lhe trarão oportunidades ricas, novas e excitantes?

É importante não lhes dar as costas. Para reunir a coragem de se embrenhar pelo caminho estimulante e vencer os bloqueios que o esperam, você precisa se convencer de que será bem-sucedido. E a melhor maneira de fazer isso é utilizar energia dos sucessos passados.

Pense primeiro nos bloqueios que você percebe atravessados no seu desafiante caminho para o sucesso.

## ***Considere os sucessos do passado***

Agora reflita em todos os sucessos que já viveu. Pense nos sucessos que teve no começo da carreira, no começo da vida escolar. Pense em algum concurso ou competição que você ganhou, não importa quão jovem era. Que qualidades você tinha então, que o ajudaram a vencer? Pois você ainda as tem. Agora é o momento de se valer delas para vencer os obstáculos.

Todo indivíduo tem um potencial muito maior do que imagina. A meta ou a visão que você leva na mente deve ser perfeitamente adequada para você, porque ninguém mais tem essa mesma visão. Não deixe que um simples obstáculo o detenha. Use suas forças para vencê-lo.

Eu estarei aqui torcendo por você e desejando-lhe sucesso em cada passo dessa sua nova jornada!

Christine Harvey
Intrinsic Marketing Administration Center
20 Station Road
West Drayton
Middlesex
UB7 7BY
Fax: 0895 422 565

**Lembre-se:**

quando chegar a uma encruzilhada na vida, siga a direção que representar o desafio maior

# A SEMANA EM RESUMO

Durante a semana, identificamos meios de dominar sete áreas críticas em vendas. Eis um resumo dos pontos principais em que temos de nos concentrar:

## Planeje seu sucesso (Domingo)

- Estabeleça um objetivo geral
- Crie segmentos diários
- Meça os resultados

## Adquira conhecimento do produto (Segunda-feira)

- Descubra fontes de conhecimento
- Planeje uma estratégia

## Descubra os motivos da compra (Terça-feira)

- O jeito certo de descobrir motivos
- A ocasião de apresentar motivos
- Apresente motivos ligados a benefícios

## Vença as objeções (Quarta-feira)

- O processo
- Lidando com objeções de preço
- Fechando a venda apesar das objeções

## Apresentações e fechamentos de vendas (Quinta-feira)

- Pergunte – o motivo empresarial da compra
- Pergunte – o motivo pessoal de quem compra
- Conheça – adquira conhecimento do produto
- Conheça – os pontos fortes e fracos da concorrência
- Responda – ligações entre as necessidades deles e os benefícios que você oferece
- Responda – como você vence objeções
- Revise – necessidades e benefícios
- Pergunte – qual a decisão deles

## Sistemas que provocam ação (Sexta-feira)

- Sistemas computadorizados
- Sistemas manuais

## Automotivação e sistemas de apoio (Sábado)

- Mantenha-se positivo
- Ouse ser diferente
- Vença bloqueios e obstáculos

Cromosete
Gráfica e editora ltda.

**Impressão e acabamento**.
Rua Uhland, 307 - Vila Ema
03283-000 - São Paulo - SP
**Tel./Fax:** (011) 6104-1176
**Email:** cromosete@uol.com.br